essentials

Essentials liefern aktuelles Wissen in konzentrierter Form. Die Essenz dessen, worauf es als „State-of-the-Art" in der gegenwärtigen Fachdiskussion oder in der Praxis ankommt. Essentials informieren schnell, unkompliziert und verständlich

- als Einführung in ein aktuelles Thema aus Ihrem Fachgebiet
- als Einstieg in ein für Sie noch unbekanntes Themenfeld
- als Einblick, um zum Thema mitreden zu können.

Die Bücher in elektronischer und gedruckter Form bringen das Expertenwissen von Springer-Fachautoren kompakt zur Darstellung. Sie sind besonders für die Nutzung als eBook auf Tablet-PCs, eBook-Readern und Smartphones geeignet.

Essentials: Wissensbausteine aus Wirtschaft und Gesellschaft, Medizin, Psychologie und Gesundheitsberufen, Technik und Naturwissenschaften. Von renommierten Autoren der Verlagsmarken Springer Gabler, Springer VS, Springer Medizin, Springer Spektrum, Springer Vieweg und Springer Psychologie.

Thomas Schmidt-Lux

Die Geschichte der Fans

Historische Entwicklung
und aktuelle Tendenzen

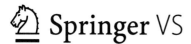

Dr. Thomas Schmidt-Lux
Institut für Kulturwissenschaften
Universität Leipzig
Leipzig
Deutschland

ISBN 978-3-658-06849-3   ISBN 978-3-658-06850-9 (eBook)
DOI 10.1007/978-3-658-06850-9

Die Deutsche Nationalbibliothek verzeichnet diese Publikation in der Deutschen Nationalbibliografie; detaillierte bibliografische Daten sind im Internet über http://dnb.d-nb.de abrufbar.

Springer VS
© Springer Fachmedien Wiesbaden 2015
Das Werk einschließlich aller seiner Teile ist urheberrechtlich geschützt. Jede Verwertung, die nicht ausdrücklich vom Urheberrechtsgesetz zugelassen ist, bedarf der vorherigen Zustimmung des Verlags. Das gilt insbesondere für Vervielfältigungen, Bearbeitungen, Übersetzungen, Mikroverfilmungen und die Einspeicherung und Verarbeitung in elektronischen Systemen.

Die Wiedergabe von Gebrauchsnamen, Handelsnamen, Warenbezeichnungen usw. in diesem Werk berechtigt auch ohne besondere Kennzeichnung nicht zu der Annahme, dass solche Namen im Sinne der Warenzeichen- und Markenschutz-Gesetzgebung als frei zu betrachten wären und daher von jedermann benutzt werden dürften.

Gedruckt auf säurefreiem und chlorfrei gebleichtem Papier

Springer VS ist eine Marke von Springer DE. Springer DE ist Teil der Fachverlagsgruppe Springer Science+Business Media
www.springer-vs.de

Was Sie in diesem Essential finden können

1. Eine Geschichte des Begriffes ‚Fans'
2. Zahlreiche Beispiele für Fans und Fanobjekte vom antiken Wagenrennen bis zum modernen Elviskult
3. Die Verbindung der Fangeschichte mit generellen gesellschaftlichen Entwicklungen

Vorwort

Im Jahr 1889 war alles Kommende kaum absehbar. Damals berichtete der Reporter der Kansas Times and Star vom Spiel des lokalen Baseballclubs. In diesem Bericht erwähnte er auch die anwesenden Zuschauer – und bezeichnete sie als Fans. Damit war der Begriff in der Welt, und fortan nahm er eine erstaunliche Karriere. Erst gab es Fans anderer Sportarten, dann Fans von Musikern, später Fans von Motorrädern und sonstiger Technik, irgendwann dann auch Fans von gutem Wein.

Der folgende Text versucht, diese Geschichte des Fantums zu rekonstruieren, und er setzt dabei noch weit vor der geschilderten Episode in Kansas an. Der Aufsatz ist Teil eines Bandes, den Jochen Roose, Mike S. Schäfer und ich gemeinsam herausgegeben haben (vgl. Roose et al. 2010). Dieser Sammelband trug bis dahin nur vereinzelt vorliegende Studien und eigene empirische Befunde zu Fans zusammen. Wir wollten damit den Stand der Forschung systematisch abbilden, zugleich aber auch eigene Impulse setzen.

Die Idee war, einem Phänomen auf die Spur zu kommen, das einerseits zwar weitverbreitet ist, zugleich aber aus wissenschaftlicher Perspektive nicht unbedingt intensiv bearbeitet ist. Fans sind zwar auch für die akademische Welt irgendwie amüsant und unterhaltsam – allzu nahe will man ihnen dann aber doch nicht kommen. Der Band versammelte Beiträge zu einer ganzen Reihe von Dimensionen von Fantum, bspw. Emotionen, Distinktion, Mediennutzung, Gewalt oder Religion. Um Fans nicht nur am Beispiel zeitgenössischer Beispiele zu behandeln, widmete sich der nun hier vorliegende Beitrag Fans aus historischer Perspektive. Wer darüber hinaus an weiteren Aspekten interessiert ist, sei auf den ursprünglichen Erscheinungsort verwiesen.

Fantum verändert sich stetig; es findet neue Fanobjekte und Ausdrucksformen. Vermutlich werden Fans aber ein (alltags)kulturell hochbedeutsames Phänomen bleiben. Dies hat viele Gründe, und manche davon sind möglicherweise sehr grundsätzlicher Art. Helmuth Plessner beschrieb den Menschen als ein Wesen, das aufgrund seiner Instinktlosigkeit versuchen muss, über kulturelle Artefakte und Ideen seinen eigenen Standort in der Welt zu bestimmen und – wenigstens zeitweise – daran festzuhalten (Plessner 1975). So gesehen, verliert Fantum viel von seiner Rätselhaftigkeit. Es ist aus dieser Perspektive ein Versuch, Ordnung in die Welt zu bringen und Punkte zu bestimmen, die individuell wichtig sind. Auch wenn wir – als Beobachter – das jeweilige Faninteresse nicht immer nachvollziehen können: Fans gehen keinen Irrweg, sind nicht in Schieflage – sondern im besten Sinne menschlich.

Inhalt

1 Einleitung 1

2 Fans – Geschichte und Bedeutungsdimensionen eines Begriffs 5

3 Wagenrennen, Werther, WorldWideWeb. Vom antiken zum modernen Fantum 7

4 Fangeschichte als Gesellschaftsgeschichte. Drei Thesen 15
   4.1 Fangeschichte als Mediengeschichte 15
   4.2 Fangeschichte als Geschichte der Moderne 17
   4.3 Fangeschichte als Zivilisationsprozess 19

5 Fazit 21

Was Sie aus diesem Essential mitnehmen können 23

Literatur 25

Einleitung

Wann, wo und wie lässt man eine Geschichte der Fans beginnen? Sofern sich Arbeiten aus dem Bereich der Fanforschung überhaupt dieser Frage widmeten, brachte dies bislang Uneinigkeit hervor. Als eher impliziter Ausgangspunkt der derzeitigen Fangeschichtsschreibung kann das späte 19. Jahrhundert angesehen werden, die meisten Fanstudien befassen sich mit zeitgenössischen Beispielen.

Diese zeitliche Einschränkung ist jedoch keineswegs zwingend und lässt sich inhaltlich auch schwer rechtfertigen. Orientiert man sich an einer relativ weiten Definition von Fantum als längerfristiger, leidenschaftlicher Beziehung zu einem externen, öffentlichen Objekt bei Investition von Zeit und Geld, erweitert sich der Horizont des Phänomens weit über das 19. Jahrhundert hinaus (vgl. zu dieser Definition Roose, Schäfer, Schmidt-Lux 2010, S. 12). Wenigstens hypothetisch ist Fantum so als zeitloses Konzept denkbar. Ein solches Verständnis ist aus unserer Sicht von Vorteil, um auf der Ebene der Phänomene und möglichen Fanobjekte nicht per definitionem die Perspektive zu verengen, und um zugleich historische Veränderungen von Fans und Fantum beobachten zu können. Diese sollen ja keineswegs negiert, sondern – im Gegenteil – gerade durch eine solche, historisch weite Perspektive systematischer in den Blick kommen. Aus Sicht der hier vorgeschlagenen Definition spricht nichts dagegen, schon in der Antike nach Fans zu fragen – und dies hat, wie man sehen wird, auch einigen Erfolg.

Grenzen setzt hier eher der Forschungsstand und damit das Wissen um Fans als der Gegenstand selbst. Natürlich hängt ein solches Vorgehen stark von der Quellenlage ab. Gerade bei historisch weit zurück liegenden Beispielen wird man nicht für alle Aspekte der Fandefinition ausreichend Belege finden können und es stellenweise bei Vermutungen belassen müssen. Dies ist aber kein Grund, eine über das 19. Jahrhundert hinaus reichende Perspektive auf Fans gänzlich zu verwerfen.

Zwei alternative Zugänge zu einer Geschichte der Fans seien gleichwohl kurz diskutiert. Die erste Variante würde sich primär am begrifflichen Label „Fans" orientieren. Nimmt man dieses semantische Kriterium als Ausgangspunkt, braucht man in der Tat ‚nur' ins späte 19. Jahrhundert zurückkehren und kann, beginnend bei amerikanischen Sportanhängern, eine Fan-Geschichte schreiben, die im Zuge ihrer Entwicklung mehr und mehr Themenbereiche erfasst. Ein solches Vorgehen ist zweifellos aufschlussreich und wird auch später in diesem Aufsatz unternommen. Gleichzeitig lässt sich jedoch zeigen, dass die Phänomene, für die erst das 19. Jahrhundert den Begriff „Fans" hervorbrachte, bereits weit vor dieser Zeit existierten. Die hier präferierte Fanforschung interessiert sich somit auch für Menschen, die etwa als „Anhänger", „Liebhaber" oder „Verehrer" bestimmter Dinge oder Personen bezeichnet wurden und werden. Letztlich wird damit das eine (die semantische Analyse) getan, ohne das andere (die historische Forschung jenseits spezifischer Begriffe) zu lassen.

Ein zweiter Zugang würde die Geschichte von Fans ebenfalls im 19. Jahrhundert beginnen lassen, allerdings mit einer anderen Begründung. Fans werden in dieser Position als genuin modernes Phänomen angesehen, das erst durch Individualisierungs- und Differenzierungsprozesse und nicht zuletzt den rasanten Bedeutungszuwachs von Freizeit und Freizeitaktivitäten hervorgebracht wurde.[1] Gegenüber dieser Position sind jedoch ähnliche empirische Einwände geltend zu machen. Aus unserer Sicht brachten die beschriebenen Modernisierungsprozesse zwar wichtige Veränderungen im Bereich des Fantums hervor, sie ließen dieses Phänomen jedoch nicht grundsätzlich neu entstehen. Bei Durchsicht der entsprechenden Literatur verdichten sich vielmehr die Hinweise darauf, dass Fans zwar erst im 19. und 20. Jahrhundert zum Massenphänomen wurden, aber bereits zuvor beobachtbar waren. Wie zu sehen sein wird, verschrieben sich Menschen bereits in der Antike – ganz unserer Definition entsprechend – dauerhaft spezifischen Fanobjekten, die nicht ethnisch oder anderweitig vorgegeben waren und investierten in diese leidenschaftliche Beziehung Zeit und Geld.

Die hier beschriebene Geschichte der Fans verzichtet somit auf die Engführung des Fanbegriffes zugunsten einer weiteren historischen Perspektive. Sie interessiert sich (auch) für Fanbeziehungen, die bereits *vor* Erfindung des Begriffes „Fans" existierten. Damit verbunden nimmt sie mehr als nur Sportfans in den

---

[1] So plädiert Winfried Gebhardt dafür, erst im 19. Jahrhundert von Fans zu sprechen, da Anhängerschaft zuvor an vorgegebene Merkmale wie ethnische oder lokale Herkunft geknüpft gewesen sei und damit letztlich das Fanobjekt nicht frei gewählt wurde (Gebhardt 2010).

1 Einleitung

Blick, was eine häufig anzutreffende, aber ebenfalls sehr enge Fassung des Phänomens Fans ist.[2]

Gleichwohl ist mit diesem konzeptionellen Rahmen eine weitere Schwierigkeit verbunden. Denn gerade im Feld historischer Forschungen widmeten sich viele Arbeiten generell dem *Publikum* verschiedenster Veranstaltungen, ohne dieses weiter zu differenzieren. Damit fällt es schwer, etwa bei römischen Wagenrennen die *Gelegenheitszuschauer* von stark engagierten und regelmäßigen Besuchern, eben *Fans* zu trennen. An manchen Stellen im Text wird darauf nochmals gesondert eingegangen und dieses Problem diskutiert. Hier sei vorerst nur angemerkt, dass eine Geschichte des Publikums nicht mit einer Geschichte der Fans deckungsgleich ist. Fans stellen aus unserer Perspektive einen spezifischen, nämlich hochgradig engagierten Teil eines größeren und insgesamt heterogenen Publikums dar. Zugleich muss sich aber eine Geschichte der Fans auf Forschungen zum Publikum stützen – gerade in Bezug auf historisch weit zurückliegende Epochen.

Vor dem Hintergrund dieser Vorüberlegungen wird nun im Folgenden ein erster Schritt in das Feld der Fangeschichte getan. Obgleich eine ausschließlich am Begriff orientierte Fangeschichte verworfen wurde, ist diese natürlich aufschlussreich und steht am Anfang der folgenden Abschnitte. Anschließend wird dann entlang der genannten Fandefinition eine historische Erkundung des Phänomens Fantum unternommen, einschließlich seiner Kontinuitäten und Veränderungen über die Zeit. Zum Abschluss werden diese Befunde nach ihrem analytischen Gehalt interpretiert und drei Thesen einer spezifischen Grundlogik der Geschichte von Fans diskutiert.

---

[2] Auch die Konzentration auf Sportfans führt letztlich zu einer Geschichte der Fans, die erst im 19. Jahrhundert beginnt, da erst dann von Sport im heutigen Sinn gesprochen wird (vgl. Caysa 1997). Gleichwohl hat sich die historische Fanforschung bislang vor allem auf den Sport und sein Publikum konzentriert, was die mehrheitliche Präsenz solcher Beispiele auch in diesem Beitrag erklärt.

2 Fans – Geschichte und Bedeutungsdimensionen eines Begriffs

Der Begriff Fan taucht erstmalig in einem Artikel der US-amerikanischen Tageszeitung „Kansas Times and Star" auf. Dort berichtete am 26. März 1889 der Reporter vom lokalen Baseball-Club und von dessen Anhängern – den „Kansas City baseball fans". Schon wenige Jahre später ist der Begriff unter Sportreportern ein geläufiger Ausdruck (Oxford English Dictionary 1989, S. 711). Die häufige Assoziation von Fans mit Sportfans ist wortgeschichtlich somit keineswegs verwunderlich. Bemerkenswert ist allerdings, dass die Ausbreitung der Bezeichnung Fans von einer Sportart ausging, die lange Zeit auf Nordamerika beschränkt war, dort jedoch vergleichsweise früh professionelle Strukturen ausbildete (Rossi 2000; Sandvoss 2003, S. 16). Professionalisierung bedeutete hier nicht nur Kommerzialisierung, sondern auch die zunehmende Differenzierung der Rollen der Teilnehmenden (Spieler, Zuschauer, Schiedsrichter) und damit einhergehend auch entsprechende Terminologien – eben auch die der engagierten Zuschauer als Fans.

Etymologische Forschungen sehen die Vorläufer des Begriffes zumeist in der Bezeichnung „fanatic". Dies meinte (und meint nach wie vor) Personen, die von einem bestimmten Ziel oder Vorhaben auf ungewöhnliche Weise ergriffen, wenn nicht besessen („obsessed") sind. Im Deutschen fand das Attribut „fanatic" seine direkte Übertragung als „fanatisch", was wiederum äquivalent zu begeistert, leidenschaftlich, eifernd oder besessen verwendet werden kann. Diese Bedeutungsspanne von großer, aber grundsätzlich nachvollziehbarer Hingabe bis hin zu einer übersteigerten Versessenheit wird auch im Duden begrifflich reflektiert. Dieser beschreibt Fans als „begeisterte Anhänger", einen Fanatiker dagegen als jemanden, „der sich für eine Überzeugung, eine Idee fanatisch einsetzt [...], mit einer Art Verbohrtheit, blindem Eifer" (Duden 2003, S. 446). Oftmals jedoch, das werden verschiedene Analysen im Fortgang des Buches zeigen, wird heute für *beide* Varianten der Begriff Fan verwendet – nicht zuletzt abhängig davon, wie viel Verständnis man für eine bestimmte Fankultur aufzubringen gewillt ist. Doch zurück zur Wortgeschichte. Der englische Terminus „fanatic" kann erstmals für das 16. Jahrhundert nachgewiesen werden und geht auf das lateinische „fanaticus" zurück. Dies wurde einerseits, in Übereinstimmung mit der heutigen Bedeutung von fanatisch, als „in Raserei versetzt", „rasend" oder „begeistert" übersetzt, aber auch für Personen verwendet, die „von einer Gottheit in Entzückung geraten" waren (Pons 1997, S. 383). Diese Anlehnung wird noch unterstützt durch die Nähe zu „fanum", dem lateinischen Ausdruck für Tempel bzw. Heiligtum. In dieser religiösen Bedeutung findet der Begriff wohl auch in der frühen Neuzeit Verwendung, dort jedoch auch für die religiösen Non-Konformisten des 17. Jahrhunderts, bis dann neben diese Konnotation andere, gleichwohl verwandte Bestimmungen treten (Oxford English Dictionary 1989, S. 712 f.). In zweifacher Hinsicht ist das bemerkenswert: So rücken über diese Wortgeschichte Fantum und Religion näher zusammen; eine Verbindung, die in der Literatur oder massenmedialen Berichten immer wieder hergestellt wird. Gleichzeitig werden Religion und Religiöse nicht selten und durchaus abwertend als be- oder versessen beschrieben – eben als fanatisch und letztlich irrational (vgl. Schmidt-Lux 2010).

Heute findet sich der Begriff Fan in vielen Sprachen. Im Englischen und Deutschen findet er häufig Verwendung. Das Französische hat ihn auch im Gebrauch als „enthusiastischen Verehrer" einer Sache oder Person – „Jeune (sie!) admirateur (trice) enthousiaste de (une vedette)" (Petit Robert 1986, S. 757) –, ähnlich im Spanischen. Auf Italienisch ist dagegen der Begriff Fan zwar verständlich, wenigstens im Kontext von Sportfans allerdings die Bezeichnung „tifoso" gebräuchlicher. Diese ist jünger als der Begriff Fans und wahrscheinlich milanesischen Ursprungs. „Tifo" ist hier ursprünglich der Terminus für eine bakterielle Infektion, womit die körperliche bzw. leibliche Dimension des Fanseins, die auch in der Emotionssoziologie Beachtung findet, unmittelbar ins Spiel kommt. Der Ausdruck hat aber über die Kombination „fare il tifo" als Synonym für „anfeuern" und „unterstützen" seine Bedeutung erweitert und meint auch eine „brennende Leidenschaft oder enthusiastische Verpflichtung für einen Athleten oder eine Mannschaft" (Cortelazzo und Cortelazzo 1999, S. 1693; Dizionario etimologico della lingua italiana 1988, S 1338). „Tifoso" schließt demnach als Metapher an die „febbri tifoidi" („Das Fiebern der Fans") an und bezieht sich auf das wöchentliche „febbre sportiva" („Sportives Fieber") in den Stadien.[1]

---

[1] Für die italienischen Hinweise danke ich Franz Erhard.

3. Wagenrennen, Werther, WorldWideWeb. Vom antiken zum modernen Fantum

Über die begriffsgeschichtliche Betrachtung und damit enge Fandefinition hinaus lässt sich die Perspektive auf Personen erweitern, die bereits vor dem Auftauchen des entsprechenden Terminus in unserem Sinne als Fans gelten können – also dauerhaft und leidenschaftlich einen Gegenstand, eine Person oder Idee verehrten und hierfür Ressourcen wie Zeit oder Geld aufwandten.

Hier mag man zunächst auf Beispiele aus religiösen Kontexten verweisen, die üblicherweise nicht dem Phänomen Fantum zugeordnet werden, aber durchaus strukturelle Ähnlichkeiten aufweisen. Vielfach ist hier die Verehrung von Personen beobachtbar, die an heutige Formen des Star-Kultes erinnern. Dies betraf nicht primär kirchliche Amtsträger, sondern oftmals gerade Personen, die ohne institutionellen Hintergrund zum Ziel volksfrömmiger Verehrung und damit zum ‚Fanobjekt' wurden. So gesehen könnten heutiges Fantum und Starverehrung als säkulare Formen einer ursprünglich religiös motivierten Beziehung interpretiert werden. Zugleich spielten religiöse Motive bei diesen Beispielen zwar eine wichtige, jedoch keineswegs die einzige Rolle. Vielmehr trug die Verehrung etwa von Hildegard von Bingen oder Katharina von Siena *auch* Züge einer Gefolgschaft, die aus dem *Charisma der Person* rührte und nicht allein religiös zu interpretieren ist.

Geht man aber nun über diesen Kontext hinaus und sichtet bisherige Forschungen zu *Publikum* und *Zuschauern*, erhält man ebenfalls überraschend frühe Auskünfte zu Fans. Allen Guttmann lässt seine Ausführungen zum Sportpublikum in der griechischen Antike beginnen.[1] Über die damaligen Wettkämpfe existieren Be-

---

[1] Es existieren zwar bereits Darstellungen von früheren ägyptischen Ringkämpfern, die ebenfalls von Zuschauenden angefeuert werden (Guttmann 1986), doch lassen sich über diese keine weiteren Aussagen treffen.

richte, die auch das Publikum in den Blick nehmen. Dieses bestand zumeist aus Männern, die auch selbst den jeweiligen Sport betrieben. Schon in diesen Überlieferungen ist von leidenschaftlicher und lautstarker Unterstützung die Rede – vermutlich meist für die Athleten des eigenen Heimatortes. Schon früh finden sich auch Belege für Zuschauerränge und aufgeschüttete Erdwälle, etwa in dem im 6. Jahrhundert v. Chr. errichteten Stadion von Olympia. Dieses bot über 40.000 Menschen Platz, die aber ebenfalls nur eingeschränkt als reine Fans bezeichnet werden können, verknüpften sich doch auch bei den Olympischen Spielen religiöse und sportliche Aspekte aufs Engste (Guttmann 1986).

In der römischen Antike veränderte sich der Charakter dieser Veranstaltungen in dem Sinne, dass weniger die sportliche Leistung als die Demonstration physischer Stärke im Vordergrund stand. Paradigmatisch verdeutlicht dies das Beispiel der Pankration, ein Kampfsport, bei dem (fast) alle Mittel erlaubt waren und der nicht selten mit dem Tod eines der beiden Kämpfenden endete (vgl. Elias und Dunning 1984). Bedeutendste Zuschauermagneten waren aber Gladiatorenwettkämpfe und Wagenrennen. Die größten Gladiatorenarenen fassten bis zu 50.000, der Circus Maximus in Rom sogar 250.000 Menschen.

Die diesbezüglichen Quellen lassen es auch zu, von Fans in unserem Sinne zu sprechen (vgl. Cameron 1976, S. 236, 309).[2] Denn von den zahlreichen Zuschauern waren manche nur gelegentlich oder einmalig bei den Rennen zu Besuch – ein Teil jedoch tat dies regelmäßig und gezielt. Anders sind auch die hohen Besucherzahlen der teilweise mehrmals in der Woche stattfindenden Rennen kaum zu erklären. Oft zog auch nicht einfach die Herkunft oder Familie der Kämpfenden die Unterstützung des Publikums nach sich. Vielmehr finden sich Anzeichen für eine tatsächlich ‚freie Wahl' des jeweiligen Favoriten.

Damit konstituierte sich ein Fantum, das aus freien Stücken Bindungen einging, auf diesen beharrte und hierfür Zeit, Geld und Leidenschaft aufbrachte – ein Handeln, das schon damals nicht nur auf Verständnis stieß. So schrieb Plinius der Jüngere über die populären Wagenrennen:

> The Races were on, a type of spectacle which has never had the slightest attraction for me. I can find nothing new or different in them: once seen is enough, so it surprises me all the more that so many thousands of adult men should have such a childish passion for watching galloping horses and drivers Standing in chariots, over and over again. If they were attracted by the speed of the horses or the drivers' skill one could account for it, but in fact it is the racing-colours they really support and care about, and if the colours were to be exchanged in mid-course during a race, they would transfer their favour and enthusiasm and rapidly desert the famous drivers and horses

---

[2] Alan Cameron verwendet an zwei Stellen in seiner Geschichte der Circus-Spiele diesen Ausdruck und spricht von „circus and theatre fans" (1976, S. 236, 309).

whose names they shout as they recognize them from afar. Such is the popularity and importance of a worthless shirt (Pliny 1969, S. 87 ff.).

In dieser Schilderung finden sich einerseits genau solche Szenen, wie sie auch heute für diverse Sportveranstaltungen typisch sind. Zudem mischt sich dies überraschend früh mit einer ebenfalls bis heute anzutreffenden, letztlich elitären Abweisung des Fanseins als irrationalem Phänomen: Einmal als Unverständnis gegenüber der Freude an (in der Sache) immer gleichen Geschehnissen, und zugleich als kopfschüttelnder Verweis darauf, dass es den Zuschauern letztlich allein um Äußerlichkeiten geht. Denn anstatt dem jeweils Besten Tribut zu zollen, zählt für die Anhänger allein die über die Kleidung signalisierte ‚Mannschaft' des Fahrers.

Erste Beispiele von Fantum finden sich somit in der Antike. Aus dem Mittelalter sind große Publikumsveranstaltungen vor allem bei Ritterturnieren überliefert. Obwohl, oder vielleicht gerade *weil* deren Charakter sich von sportlichen zu eher unterhaltsamen Veranstaltungen wandelte, waren diese bis in die Renaissance auch für ein Massenpublikum attraktiv. Noch mehr Interessierte zogen Wettbewerbe im Bogenschießen an. Über die Zusammensetzung der Zuschauerschaft und damit den Anteil von Fans ist dabei wenig überliefert, wobei es aber auch hier Personen gab, die regelmäßig und mit starker Begeisterung für spezifische Teilnehmer die Turniere besuchten. Beide Veranstaltungen, vor allem jedoch die Ritterturniere, fanden zudem eine erotische Aufladung. Wie schon die römischen Wagenrennen, zogen auch diese Turniere zunehmend weibliches Publikum an und wurden so Gelegenheiten zur geschlechtsspezifischen Präsentation, Brautwerbung und Heiratsanbahnung (Guttmann 1986, S. 39 ff.).

Nun mag es auch heute so sein, dass sich die Begeisterung etwa für Musikstars mit mehr oder minder deutlichen erotischen Ambitionen verbindet (vgl. Doss 1999, S. 155 ff.; Fritzsche 2010). Für die genannten Beispiele muss dies jedoch als generelles Zeichen für die noch geringe Ausdifferenzierung von Publikumsrollen gedeutet werden. Beim Fußball bspw. war lange Zeit die Trennung in Spieler und Publikum bzw. Fans schwerlich möglich. Das Spiel wurde in seinen Anfängen innerhalb der Stadtmauern gespielt und zog nicht zuletzt deshalb vermeintlich nur Zuschauende immer wieder mit ein. Erst mit der Renaissance begannen sich hier klarere Konturen und Regeln abzuzeichnen, die Spieler von Zuschauern trennten und darüber hinaus gelegentliche Zuschauer von Fans unterscheidbar werden ließen (vgl. Bale 1993).

Darüber hinaus ist an diesen mittelalterlichen Beispielen ein weiterer grundsätzlicher Punkt erkennbar: Ändert oder verschiebt sich die Bedeutung, die bestimmten Objekten zugeschrieben wird, können diese in der Folge auch zu Fanobjekten werden. Am Beispiel des Bogens wird dies schnell deutlich, wandelte sich dieser doch von einem anfänglich nur zur Jagd und in Kriegen genutzten Gerät zu einem bei Schau- und Sportwettkämpfen verwendeten Gegenstand – und damit zu einem (potentiellen) Fanobjekt (vgl. Schenkel 2008). In ähnlicher Weise lässt sich natürlich beobachten, wie die Erfindung und damit das erstmalige Auftauchen von spezifischen Artefakten in mitunter überraschend kurzer Zeit eine darauf bezogene Fanszene nach sich zieht. Beispielhaft ist hierfür etwa die Gemeinde der Philatelisten, die vor Herausgabe der ersten modernen Briefmarke im Jahr 1840 naturgemäß nicht existierte, sich dann aber schnell formierte (Maaßen 2006).

Mit Beginn der Neuzeit nimmt sowohl die Dichte von Überlieferungen als auch die Varianz von Fanobjekten zu. Immer deutlicher treten so auch die Konturen von Fangruppen zutage, die sich innerhalb spezifischer Zuschauer- und Publikumsgruppen finden lassen. Cavicchi sieht begeisterte Leser zeitgenössischer Literatur des 18. Jahrhunderts als erste Vertreter modernen Fantums an. Diese schrieben an die von ihnen verehrten Autoren, besuchten die Originalschauplätze der Romane und identifizierten sich mit den beschriebenen literarischen Figuren (Cavicchi 1998, S. 5). Herausragendes Beispiel hierfür ist sicherlich Goethes 1774 erschienener Roman „Die Leiden des jungen Werther". Das Buch erreichte eine bis dahin ungekannte Popularität und erschien schon zu Lebzeiten des Autors in 55 Auflagen. Zehntausende lasen das Buch, oftmals mehrfach. Zeitgenossen berichteten von Reisen der begeisterten Leser nach Wetzlar an Werthers Grab; Werther-Motive fanden sich auf Fächern, Ringen, Amuletten oder Tassen (Andree 2006). Die Hingabe und Identifikation mit Werk und Hauptfigur gipfelten schließlich in der Nachahmung seines Endes. In über einem Dutzend Fälle sind Selbstmorde aus verzweifelten und hoffnungslosen Liebesbeziehungen dokumentiert, bei denen die Opfer sich neben dem aufgeschlagenen „Werther" erschossen oder Abschiedsbriefe mit entsprechenden Bezügen hinterließen. In einem Fall fand man den Toten in ebensolcher Konstellation, wobei zudem „das Lied ‚Ausgelitten hast du, ausgerungen' auf dem Claviere [lag], und sein Bediener hatte es ihn noch am Abend vor seinem Tode mit größter Rührung spielen und singen hören" (zitiert in Andree 2006, S. 179).[3]

Massenhaftes Interesse fanden auch verschiedene Wettkämpfe von und mit Tieren. Dazu zählten Hahnenkämpfe und Stierreiten, aber auch heute eher in Vergessenheit geratene Veranstaltungen wie das *Bear-Baiting*. Dabei wurden vorher relativ kampfuntauglich gemachte Bären an einen Pfahl gebunden und von Kampfhunden angegriffen. Solche Kämpfe waren im 16. und 17. Jahrhundert in allen

---

[3] „Ausgelitten hast du, ausgerungen" ist ein Gedicht Karl Freiherr v. Reitzensteins, das eine – nicht von Goethe stammende – Rede Lottes am Grab Werthers zum Inhalt hat. Solche an das Werk anknüpfenden ‚Wertheriaden' erschienen bald in massenhafter Verbreitung.

Gesellschaftsschichten außerordentlich beliebt. Gleiches lässt sich bei den im 17. Jahrhundert in England aufkommenden Pferderennen beobachten. Auch hier war das Publikum gemischt und umfasste sowohl gelegentliche als auch gewohnheitsmäßige Besucher. Da aber die Rennen regelmäßig stattfanden und bald von einer Glücksspielindustrie begleitet wurden, konnte sich hier eine echte Fanszene entwickeln. Schon im frühen 19. Jahrhundert waren nicht selten zehntausende Menschen im Publikum; Zahlen, wie sie zu dieser Zeit im Übrigen auch beim Sportgehen oder Boxen erreicht wurden (Guttmann 1986, S. 64).

Eine regelrechte Fanszene bildete sich auch bei dem ebenfalls in England sehr populären Elisabethanischen Theater zum Ende des 16. Jahrhunderts. Auch dessen Publikum war „made up of every rank and class of society" (zitiert in Weimann 1958, S. 172) – soziale Differenzen manifestierten sich lediglich in den unterschiedlichen Preisklassen der Eintrittskarten. „In 1595 the estimates suggest that the two acting companies were visited by about 15.000 people weekly. In 1620 when six playhouses were open [...] the weekly total was probably nearer 25.000. Perhaps about 15 or 20 per cent of all the people living within reach of Shoreditch and Southwark were regulär playgoers." (Gurr 1992, S. 213). Auch wenn kaum Quellen zu individuellen Motiven der Theaterbesucher vorliegen und vermutlich mehr als nur ästhetisch-künstlerische Interessen beim Besuch der Theater eine Rolle spielten, handelte es sich bei weiten Teilen der Besucherschaft um die freiwillige und regelmäßige Begeisterung für ein kulturelles Phänomen, das keine wesentlichen Unterschiede zu heutigen Formen von Fanbeziehungen erkennen lässt.

Generell setzten mit dem 19. Jahrhundert zwei wichtige Prozesse ein: Erstens kam es zur endgültigen „Erfindung des Fans", die sich schon zuvor in der zunehmenden Differenzierung von Zuschauerrollen abzuzeichnen begann und letztlich mit der begrifflichen Fassung als ‚fans' zum Ende des 19. Jahrhunderts ihren Abschluss fand. In diesem Prozess waren Sportclubs und Medien wichtige Akteure (Hörne 2006, S. 41). Die Clubs schufen die strukturellen Voraussetzungen zum aktiven Betreiben, aber eben auch zum regelmäßigen Verfolgen von Fußball, Baseball etc., während die Presse beide Prozesse begleitete und verstärkte (Eisenberg 2005). Seit dem späten 18. Jahrhundert, vor allem aber seit den 1820er Jahren richteten die Tageszeitungen eigene Sportteile ein und halfen auf diese Weise bei der Etablierung einer „culture of spectatorship" (Guttmann 1986, S. 85). Die zunehmende mediale Berichterstattung in Bereichen wie Theater und Kino hatte ähnliche Folgen (Cavicchi 1998, S. 5). Schließlich trug der Bau moderner Stadien zur Trennung von Fans und Spielern, aber auch zur Differenzierung und räumlichen Separierung von unterschiedlichen Fangruppen bei (Bale 1993; Schäfer und Roose 2010).

Zweitens, und mit dem ersten Prozess zweifellos verbunden, wurde Fantum zu einem Massenphänomen. Dies bedeutete, dass mehr Menschen Fanbeziehungen entwickelten, und zugleich diese Fanbeziehungen einen größeren Platz in der individuellen Lebensführung einnahmen. Der Besuch bspw. von Sportveranstaltungen wurde regelmäßiger und häufiger. Im deutschen Fußball fand diese Entwicklung vor allem in der Zwischenkriegszeit statt. „Hatten vor 1914 selbst ‚Schlagerspiele' nur einige hundert oder tausend Zuschauer mobilisieren können, so kamen nun Zehntausende" (Eisenberg 1990, S. 23). Dies lag einerseits an den gewachsenen finanziellen und zeitlichen Ressourcen. So ermöglichte in England in den 1860/70er Jahren erst die Einführung des arbeitsfreien Samstagnachmittags den Besuch von zu dieser Zeit ausgetragenen Fußballspielen, wobei aber schon in den 1880er Jahren Spiele *in* der Woche tausende Zuschauer anzogen (Curry 2007, S. 29).[4] Zugleich jedoch war dies auch dem inzwischen deutlich gewachsenen *Angebot* geschuldet, das mehr und mehr Interessierte anzog. Die Zahl potentieller Fanobjekte und auf ein Massenpublikum ausgerichteter Veranstaltungen wuchs zusehends. Jedenfalls waren nun Boxkämpfe, Ruderwettbewerbe oder Fußballspiele, bei denen zehntausende Fans zusahen, keine Seltenheit mehr.

Die seitdem beobachtbare Entwicklung und Geschichte von Fans, Fanszenen und Fanobjekten ist vergleichsweise gut dokumentiert (Hills 2002; Sandvoss 2005; Schulze-Marmeling 1995). Forschungen und Reportagen finden sich zu unterschiedlichsten Beispielen; der Blick von Medien und Wissenschaft ist inzwischen sensibilisiert für Fanszenen auch abseits der Klassiker Sport und Musik. Fans gehören zum festen kulturellen Inventar der Moderne.

Dabei kann keinesfalls von *einer* Fankultur gesprochen werden. Zu sehr haben sich inzwischen unterschiedliche Lager und Fanszenen *differenziert* – nach innen wie nach außen. So ist das Feld von Fanobjekten und -themen unüberschaubar geworden. Zu im Grunde jedem Gegenstand hat sich wenigstens eine Handvoll Bewunderer zusammengetan und geht ihrem – mitunter absichtsvoll abseitigen – Interesse nach. Distinktionsgewinne verspricht dabei eher die Anhängerschaft für tendenziell (noch) unbekannte oder schwer zugängliche Musikstile als bspw. das generelle Interesse an Fußball. Dies hat auch innerhalb von Fangruppen zur erheblichen Zunahme feiner Unterschiede geführt. Gerade in Fanszenen, die schon auf eine lange Geschichte zurückblicken können, bilden sich Hierarchien entlang der Dauer der Zugehörigkeit oder wenigstens des Wissens um die eigene Historie.

Zudem ist gerade im 20. Jahrhundert eine merkliche *Professionalisierung* von Fans beobachtbar. Dies meint zum einen den Grad der Organisiertheit. Fantum

---

[4] So kamen etwa zum Spiel von Sheffield Wednesday gegen die Blackburn Rovers an einem Montag im Jahr 1882 immerhin 12.500 Zuschauer (Curry 2007, S. 29 ff.).

wird hier immer häufiger mit Mitgliedschaften verbunden, sei es in Fanclubs oder Mailinglisten. Hierfür bilden sich mehr und mehr Experten, die zuvor eher spontan und individuell motivierte Treffen und Gesellungen auf Dauer stellen, gemeinsame Fahrten organisieren, der Fangruppierung eine einheitliche Außendarstellung verleihen und nicht zuletzt den Kontakt zum Fanobjekt selbst herstellen.

Damit ist auch die *Kommerzialisierung* des Fantums verbunden, die sich auf vielfältige Weise bemerkbar macht. Der mittlerweile riesige Markt von Devotionalien, Symbolen und sonstigen Gimmicks für Fans, insbesondere im Bereich des Sports und der Musikindustrie, ist augenfällig und braucht keine weiteren Belege. Fans sind bereit, teilweise enorme Summen für ihre Leidenschaft zu zahlen. Oftmals beginnt dies schon beim einfachen Mitgliedsbeitrag im Fanclub und führt über den Kauf von Postern oder DVDs bis hin zu kostspieligen Reisen zu Konzerten oder Fan-Conventions. Zugleich sind natürlich Gegenbewegungen unübersehbar. So sind viele aus Prinzip nicht bereit, in jedem Jahr ein neues Trikot ihres Vereins zu kaufen, nur weil dieser aus ökonomischen Gründen regelmäßig dessen Design ändert. Andere verzichten auf den Kauf der vierten Singles-Collection ihrer Lieblingsband, auch wenn sie damit nicht in den Besitz eines bislang unveröffentlichten Songs kommen. Und im Gegenzug sperren sich viele Fanobjekte wie etwa Musiker und andere Künstler selbst gegen ihre zunehmende Vermarktung – ob nun aus Kalkül oder tatsächlicher Verweigerungshaltung.[5]

Alles in allem muss man bei Durchsicht der entsprechenden Literatur und Beobachtung der Fanszenen im 20. Jahrhundert von einem *Massenphänomen* bei gleichzeitiger *Individualisierung* der Fankultur sprechen. Denn auf der einen Seite hat die größere Verfügbarkeit an freier Zeit und anderen Ressourcen bei einer Vielzahl von Menschen dazu geführt, Fan von etwas oder jemandem zu werden. Selbstverständlich variiert dies deutlich in Umfang, Intensität und Bindungsdauer, doch kann am Fantum als Bestandteil moderner Alltagskultur kein Zweifel bestehen. Zugleich zeichnet sich dieses moderne Fantum durch ein geringes Ausmaß an traditionalen Bindungen aus, wird somit Möglichkeit und zugleich Verpflichtung der freien Wahl individueller Akteure. Im Ergebnis bringt dies die beobachtbare Vielfalt und Differenziertheit von Fanszenen, Fanobjekten und Fanaktivitäten hervor.

---

[5] Dies ist etwa dann der Fall, wenn Bands wie *Radiohead* ihre aktuellen Alben zum freien Download bzw. bei Möglichkeit einer freiwilligen Zahlung ins Netz stellen.

Fangeschichte als Gesellschaftsgeschichte. Drei Thesen 4

Fantum als frei gewählte, intensive Beziehung zu einem spezifischen Gegenstand oder einer Person ist also, soviel sollte nach diesen Beispielen sicher sein, keine genuin moderne Erscheinung. Zugleich jedoch hat sich dieses kulturelle Feld in seiner Geschichte merklich verändert. Da Analysen spezifischer Aspekte dieser Entwicklung noch in den verschiedenen Beiträgen des vorliegenden Bandes unternommen werden, sollen hier lediglich einige wenige, grundlegende Entwicklungslinien nachgezeichnet werden. Diese diskutieren im Kern drei Thesen: 1) die Geschichte des Fantums als Mediengeschichte, 2) die Entwicklung des Fantums als Ergebnis von Modernisierungs- und Individualisierungsprozessen und schließlich 3) die Geschichte des Fantums als Zivilisationsprozess.

4.1 Fangeschichte als Mediengeschichte

Fangeschichte lässt sich mit guten Gründen als Mediengeschichte schreiben, genauer: als Geschichte moderner (Massen)Medien. Fantum ist aus dieser Perspektive eng an Medien gekoppelt, und auch wenn man Massenmedien nicht als Entstehungsbedingung von Fankulturen sehen möchte, war doch das Aufkommen von Zeitungen und Zeitschriften, später von Radio, Fernsehen und Internet jeweils mit zweifellos wichtigen fankulturellen Entwicklungen verbunden, und das in mehrfacher Hinsicht (vgl. Hörne 2006).

Zum einen ist durch massenhaft gedruckte bzw. elektronische Kommunikationsmedien seit dem 19. bzw. 20. Jahrhundert deutlich mehr Menschen der Zugang zu spezifischen Fanobjekten möglich. Das Interesse für bestimmte Dinge oder Personen ist ja an das Wissen um deren Existenz, aber auch an deren wenigstens potentielle Erreichbarkeit gebunden. In beiden Bereichen bedeuteten Erfindungen wie Radio oder Fernsehen einen enormen Zuwachs an Wissen und Möglichkeiten, der anfangs zwar immer nur sehr kleine Teile der Bevölkerung betraf, im Zuge der Durchsetzung und Verbreitung der Medien aber zum Massenphänomen wurde. Was zuvor nur über Druckerzeugnisse oder mündliche Berichte weiter gegeben wurde, erreicht heute in Sekundenschnelle potentiell jeden Flecken der Erde. *Mehr* Menschen erhalten so *schneller* Kenntnis von neuen Musikstilen oder Sportstars – und werden nicht zuletzt auf diesem Weg auch Fans.

Dies hat aber widersprüchliche Folgen, wie sich am Beispiel von Fußballübertragungen beobachten lässt. Zu Beginn der 1920er Jahre fanden die ersten Radioübertragungen statt, ab den 1930er Jahren die ersten Fernsehsendungen. Mit den 1940/50er Jahren, als diese Übertragungen auch wirklich von einer großen Zahl von Menschen zu verfolgen waren, sanken die Besucherzahlen in den Stadien kontinuierlich ab. Sahen 1948/49 noch über 40 Mio. Menschen die Spiele der englischen Profiliga, waren das 1982/83 nur noch knapp 19 Mio. Ähnliche Entwicklungen lassen sich auch in anderen Sportarten verfolgen (vgl. Guttmann 1986, S. 137).

Dies jedoch als anhaltende Entwicklung zu konstatieren, wie dies noch jüngst geschah (vgl. Eisenberg 2005), scheint nicht haltbar. Denn seit Mitte der 1980er hat sich dieser Trend wiederum umgekehrt. Sahen so in der Bundesliga-Saison 1985/86 nur 5,6 Mio. Zuschauer die Spiele in den Stadien, stieg diese Zahl seitdem um mehr als das Doppelte an; die Bundesliga zählte in der Saison 2012/13 insgesamt 13,0 Mio. Besucher. Dies ist nicht etwa der Aufstockung der Liga geschuldet, denn auch die durchschnittliche Besucherzahl erhöhte sich von 30.000 in den Jahren 1995/96 auf 42.600 in der Saison 2012/13.[1] Ebenso deutlich fallen die Zahlen der englischen Premier League aus. Dort erhöhte sich die durchschnittliche Besucherzahl von 22.180 in der Saison 1992/93 auf 35.900 Zuschauer in der Saison 2012/13.[2] Da in der gleichen Zeit die massenmediale Berichterstattung nicht nachgelassen hat, sondern ebenfalls starke Zuwächse verzeichnete, spricht dies offenkundig gegen eine Null-Summen-Rechnung und eine direkte Konkurrenz von Medien und Live-Fußball. Möglicherweise hat also gerade die Entwicklung des Fußballs zum TV-Event auch dafür gesorgt, dass viele über das Fernsehen zu Fans wurden bzw. Fans wieder verstärkt das direkte Stadion-Erlebnis suchen.[3]

Grundsätzlich erweiterten die medialen Zugänge die Wahlmöglichkeiten, was Fanobjekte und Fansein betraf. Das Fußballinteresse konnte sich nun auch mit einem weit entfernt liegenden Verein verbinden, von dessen Ergebnissen und Spie-

---

[1] Quelle: www.weltfussball.de (Zugriff am 17.1.2014).
[2] Quelle: www.premierleague.com (eigene Berechnungen, Zugriff am 17.1.2014).
[3] Zwar verfügen beide Ligen inzwischen auch über größere Stadien, doch dies allein bedingt natürlich noch keine tatsächlich erhöhte Nachfrage.

len man aus der Zeitung, später aber eben auch im Fernsehen erfuhr. Letztlich individualisierte dieser Zugang zu Themen und Personen auch das Faninteresse. Der Zugang zum Fanobjekt war nicht mehr an dessen lokale Erreichbarkeit gebunden; die Musik der Lieblingssängerin ist heute auf diversen Tonträgern, im Fernsehen und nicht zuletzt online dauerhaft verfügbar.

Eine weitere wichtige Veränderung mit dem Aufkommen massenmedialer Kommunikation ist der Umstand, dass viele moderne Fanobjekte selbst massenmediale Erzeugnisse sind oder mindestens stark an deren Existenz gekoppelt sind. Ersteres ist der Fall bei Fans von Filmen oder TV-Serien, letzteres bei Fans von Schauspielern und etwa TV-Moderatoren. Bei solchen Angeboten verschränkten sich die benannten Bedingungen: Comicverfilmungen wie „X-Men", die ein regelmäßiges, großes Publikum erwarten können, stellen potentielle Fanobjekte dar, die vor zweihundert Jahren nicht existierten, und sie sind auf eine Weise erreich- und konsumierbar, die durch die Bindungen an Kino, DVD oder Internet eine letztlich globale und rasante Verbreitung ermöglichen. Damit haben Veränderungen stattgefunden, die aber vermutlich nicht nur eine Zunahme des Marktes an Fanobjekten zur Folge hatten, sondern auch deren kürzere Halbwertszeit.

Schließlich sei noch angemerkt, dass Medien nicht nur einen großen quantitativen Einfluss auf Fankulturen hatten, sondern auch in qualitativer Hinsicht wichtig waren und sind. Beispiele hierfür sind spezifische Formen des Fanverhaltens. Fans werden nicht zuletzt durch und über Medien entscheidend in ihrem Fanverhalten sozialisiert und beeindruckt (Wegener 2008). Über Zeitschriften, TV-Sendungen und Internetforen werden Fans mit – durchaus widersprüchlichen – Vorbildern konfrontiert. In Reportagen über Fans werden Standards des richtigen Fanverhaltens gesetzt oder hinterfragt, entsprechende Magazine weisen auf die jeweils gültigen Dresscodes und szene-internen Zeichensysteme hin. Manches davon fand sicherlich auch schon innerhalb der Besucherschaft von antiken Wagenrennen statt, die sich auch über Anfeuerungs- und Beschimpfungsrufe einigen mussten und gemeinsame Symbole entwickelten. Moderne Massenmedien haben allerdings diese bestehenden Kommunikationsstrukturen extrem beschleunigt, weiter verbreitet und vervielfacht, und sie wirken zudem selbst als wichtige Akteure im Feld der Fankultur.

4.2 Fangeschichte als Geschichte der Moderne

Diese Diskussion leitet direkt über zur grundsätzlicheren und bereits eingangs thematisierten Frage, ob nicht die Geschichte von Fans untrennbar mit der Geschichte der Moderne verbunden sei. „Fandom is a phenomenon of Western industrial capitalism since the late 1700s", stellte Daniel Cavicchi (1998, S. 5) fest. Die gesellschaftlichen Veränderungen seit dieser Zeit brachten neue, bürgerliche Publika hervor, ermöglichten neuen und breiteren Bevölkerungskreisen die Rezeption vormals elitärer Publikationen und Medien, und schufen durch neue Technologien andere Möglichkeiten der Auseinandersetzung mit Kunst und künstlerischen Inhalten. Winfried Gebhardt bezeichnet das „Phänomen der Fans" in einem ähnlichen Sinn als „modernes Phänomen, das erst mit den großen gesellschaftlichen Umwälzungen des 19. Jahrhunderts, mit den Verstädterungs-, den Industrialisierungs-, den Dekorporierungs- und den Säkularisierungsprozessen entsteht" (Gebhardt 2010, S. 186). Fantum ist hier an individuelle und individualisierte, freie Entscheidungen von Zugehörigkeit und Präferenzen gekoppelt, was letztlich erst in der Moderne möglich geworden sei.

Für diese These sprechen viele Befunde. So ist es unbestreitbar, dass sich vor allem im 20. Jahrhundert ‚Freizeit' als Kategorie wie auch als faktische Gegebenheit in bislang ungekanntem Ausmaß etabliert hat – und Zeit ist eine wichtige Ressource für Fans. Wer den gesamten Tag in Fabriken oder mit Feldarbeit verbrachte, hatte naturgemäß deutlich geringere Chancen, sich mit Musik oder Literatur zu befassen. Die drastische Verringerung der Wochenarbeitszeit in westlichen Gesellschaften schuf für solche Tätigkeiten eine wichtige Voraussetzung. Ebenso ist natürlich der durchschnittliche Zuwachs an finanziellen Ressourcen (über Lohnanstiege und im Zuge wohlfahrtsstaatlicher Absicherungen) zu beachten – auch dies wichtige Veränderungen in historisch gesehen jüngerer Zeit. Solche Prozesse trugen sicherlich dazu bei, Fantum zu einem Massenphänomen moderner Gesellschaften werden zu lassen.

Zugleich brachten Individualisierungs- und Freisetzungsprozesse neue Wahlmöglichkeiten im Sinne eines größeren Angebotes, aber eben auch einer Wahl abseits ethnischer, klassenbedingter oder sonstiger Vorbedingungen mit sich. Selbst wenn diese Entscheidungen dann sozialstrukturell nicht unbedingt unregelmäßig ausfallen (vgl. Otte 2010), ist dieses *prinzipielle* Kennzeichen doch wichtiges Merkmal von Entscheidungen unter den Bedingungen der Moderne und kann auch als Bedingung von Fantum angesehen werden.

Grundsätzlich bleibt hier aber die Frage, ob mit diesen Prozessen die *Entstehung* von Fantum als genuin modernem Phänomen oder nicht eher wichtige *Veränderungen* von Fankultur unter den Bedingungen der Moderne erfasst sind. Letztlich hängt dies (auch) von der jeweiligen Definition von Fans ab. Doch selbst bei Einführung vergleichsweise enger Kriterien scheint es mir nicht plausibel, erst mit der Moderne von Fans zu sprechen. Das Engagement und Interesse für ein spezifisches Fanobjekt lässt sich, wie gezeigt, in seinen Grundmechanismen bereits weit vorher beobachten – auch wenn die später stattfindenden Veränderungen unübersehbar und höchst bedeutsam sind.

4.3 Fangeschichte als Zivilisationsprozess

Die Geschichte des Sports ist von Norbert Elias als Beispiel für den grundlegenden gesellschaftlichen Zivilisationsprozess gedeutet worden (vgl. Elias 1997; Elias und Dunning 1984). Während die Antike noch weitgehend ungeregelte Wettkämpfe kannte, zudem gekennzeichnet durch ein hohes Maß an körperlicher, verletzender Gewalt, entwickelte das 19. Jahrhundert eine Idee von Sport als hochgradig reguliertem Wettkampf. Die Ursprünge hierfür lagen in den englischen *public schools*, von wo aus ihre Prinzipien die anderen Bereiche sportlicher und körperlicher Betätigung durchdrangen.

In Anlehnung an diese These ist auch die Geschichte von Fans als Zivilisationsprozess beschrieben worden. Sieht man sich diesbezügliche Beispiele aus dem Bereich des Sports an, liegen hier auch einige überzeugende Belege auf der Hand. So ereigneten sich vor allem im byzantinischen Reich teilweise extreme Zuschauerausschreitungen im Umfeld der oben beschriebenen Wagenrennen und Circus-Wettkämpfe.

> In Constantinople, the circus factions rioted at a level that makes modern mobs seem almost nonviolent. They set the city's wooden hippodrome on fire in 491, 498, 507, and 532 A.D. after which Justinian prudently invested in a marble Stadium. In the fifth and sixth centuries, spectator violence in the Byzantine Empire increased to a point where troops were repeatedly called upon to restore order (Guttmann 1986, S. 32).

Auch die mittelalterlichen Ritterturniere hatten, gerade in Folge ihrer steigenden Popularität, wiederholt mit verschiedenen Formen von Zuschauergewalt zu kämpfen.

Demgegenüber brachte dann die Zeit vom 18. bis Mitte des 19. Jahrhunderts eine deutliche Reduzierung der Gewaltausbrüche mit sich. „The diminution was not linear and there never was a moment when sports spectators were not liable to become unruly, tumultuous, or even riotous, but there is good reason to believe that spectatorship participated in the ‚civilizing process' which led to the internalization of restraint and to the development of a stronger superego" (Guttmann 1986, S. 81). Vor allem setzten in dieser Zeit regelrechte Erziehungsprozesse der Fans ein: Sowohl die Vereine als auch Medien bemühten sich, das Vorbild des „anständigen Zuschauers" zu entwerfen, der *nicht* gewalttätig war und emotional wohltemperiert dem Geschehen zu folgen hatte. Diese Transformationsbemühungen wurden begleitet vom Bau neuer Stadien und Arenen, die mehr Sitzplätze und die Trennung verschiedener Zuschauerbereiche vorsahen (vgl. Bale 1993; Schäfer und Roose 2010). Viele Vereine erhoben ab der zweiten Hälfte des 19. Jahrhunderts

Eintrittsgelder, wodurch mindestens die gänzlich mittellosen Schichten aus den Stadien verbannt wurden und die stark gestiegenen Zuschauerzahlen wenigstens teilweise eingedämmt werden konnten. Wenn dies alles nichts half, stand immer noch die Polizei bereit.

Schon hier müssen jedoch erste Einschränkungen gemacht werden. So unterschied sich das Gewaltniveau der Fans je nach Sportart sehr. Was beim Fußball lange Zeit ein großes Problem darstellte, war beim Cricket nie derart dringlich. Aber auch andere Faktoren spielten eine Rolle. So sind die Sportligen in den USA bis heute weniger von Fanausschreitungen gekennzeichnet, was unter anderem an den großen Entfernungen liegt, die viele Fans von Auswärtsreisen und damit vor potentiell gewalttätigen Begegnungen mit gegnerischen Anhängern abhalten. Vor allem aber scheinen die Entwicklungen in historischer Perspektive nicht eindeutig zu sein. Sprechen die Überlieferungen aus Konstantinopel eine eindeutig gewalttätige Sprache, sind von den Gladiatorenkämpfen kaum Berichte von gewalttätigen Zuschauern bekannt. Und gerade die Entwicklungen in der zweiten Hälfte des 20. Jahrhunderts sprechen nicht unbedingt für eine weitere Abnahme von Gewalthandlungen von und unter Fans (vgl. Leistner 2010).

Mindestens diskutabel scheint die Zivilisations-These auch angesichts neuerer Entwicklungen im Bereich des Kampfsports. Hier mehren sich seit den 1990er Jahren Veranstaltungen, bei denen die Kontrahenten unter weitestgehendem Verzicht auf Reglementierungen gegeneinander antreten und sich weit über das etwa beim Boxen oder Ringen übliche Maß hinaus schlagen und verletzen. Beim *Ultimate Fighting* ist außer Beißen und Angriffen auf die Augen fast alles gestattet, inklusive des Schlagens und Tretens am Boden liegender Gegner. Offenkundig hat man es hier mit Tendenzen zur „De-Sportization" von Wettkämpfen zu tun. Während sich die Herausbildung von sportlichen, also stark regulierten Möglichkeiten zum körperlichen Wettkampf im 19. Jahrhundert in Einklang mit der Zivilisationsthese bringen lässt, wird sie nun durch solche Tendenzen zur De-Regulierung von Gewaltakten mindestens herausgefordert (vgl. Bottenburg und Heilbronn 2006). Insgesamt betrachtet ist hier die Lage also widersprüchlicher und differenzierter, als es auf den ersten Blick scheint.

Fazit 5

Eine umfassende und historisch tiefenscharfe Geschichte der Fans steht weiterhin aus. Empirisch besteht auf im Grunde allen Gebieten, vielleicht unter Ausnahme des Fußballs, Nachholbedarf. Gefragt sind hier vor allem spezifische Fallstudien und zeit- bzw. kulturvergleichende Arbeiten, und dies auch zu Themenfeldern abseits der oftmals im Fokus stehenden Gebiete wie Sport oder Popmusik.

Solche Studien als überfällig anzusehen hat jedoch keineswegs rein enzyklopädische Gründe. Die systematische, historisch angelegte Beschäftigung mit dem Phänomen Fantum wäre vielmehr überaus instruktiv für soziologische wie geschichtswissenschaftliche Fragen nach Bedeutung und Wandel alltäglicher Lebensformen und -beschäftigungen, aber auch eine wichtige Erweiterung der Freizeitsoziologie. Zudem, dies wird schon jetzt in etlichen Arbeiten deutlich, sind auch die ‚großen Themen' der Soziologie an Fanforschungen anschluss- bzw. bewährungsfähig; Theorien von Modernisierung, Individualisierung und Zivilisierung lassen sich hier instruktiv beobachten und durch empirische Forschungen weiterentwickeln. Nicht zuletzt würde eine verstärkt historische Perspektive das Thema Fans aus einer mitunter feststellbaren ‚Aktualitätsversessenheit' befreien – und ihm so zu weiteren Fans verhelfen.

Was Sie aus diesem Essential mitnehmen können

1. Auch wenn erst seit kurzem explizit von Fans die Rede ist, existiert das Phänomen schon lange. Seit der Antike befassen sich Menschen intensiv und regelmäßig mit Personen oder Dingen und sind diesen Fanobjekten emotional stark verbunden.
2. Fans gibt es auf den verschiedensten Feldern. Schon immer besaßen Sportwettbewerbe eine besondere Anziehungskraft. Daneben spielten die Musik oder andere kulturelle Felder eine wichtige Rolle.
3. Fans sind keine homogene Gruppe. Fanszenen sind intern stark differenziert und unterscheiden sich sowohl nach innen wie nach außen teilweise stark voneinander.
4. Trotz aller Kontinuitäten war das Fantum natürlich auch Wandlungsprozessen unterworfen. Hier spielen vor allem moderne Medien und die Kommerzialisierung von Fanobjekten eine wichtige Rolle.

Literatur

Andree, Martin. 2006. *Wenn Texte töten. Über: Werther, Medienwirkung und Mediengewalt.* München: Fink.
Bale, John. 1993. The spatial development of the modern stadium. *International review for the sociology of sport* 28 (2–3): 121–133.
Bottenburg, Maarten van, und Johan Heilbronn. 2006. De-sportization of fighting contests. The origins and dynamics of no holds barred events and the theory of sportization. *International review for the sociology of sport* 41 (3): 259–282.
Cameron, Alan. 1976. *Circus factions. Blues and greens at Rome and Byzantinum.* Oxford: Clarendon.
Cavicchi, Daniel. 1998. *Tramps like us. Music and meaning among Springsteen Fans.* New York: Oxford University Press.
Caysa, Volker, Hrsg. 1997. *Sportphilosophie.* Leipzig: Reclam.
Cortelazzo, Maulio, und Michele A. Cortelazzo. 1999. *Il nuovo etimologico. Dizionario etimologico della lingua italiana.* Bologna: Zanichelli.
Curry, Graham. 2007. Football spectatorship in mid-to-late Victorian Sheffield. In *Football fans around the world,* Hrsg. Sean Brown, 23–42. London: Routledge.
Dahlmann, Dittmar, Anke Hilbrenner, und Britta Lenz, Hrsg. 2007. *Überall ist der Ball rund – Die zweite Halbzeit. Zur Geschichte und Gegenwart des Fußballs in Ost- und Südosteuropa.* Essen: Klartext.
Dizionario etimologico della lingua italiana. 1988. *Volume 5/S-Z.* Bologna: Zanichelli.
Doss, Erika. 1999. *Elvis culture. Fans, faith and image.* Kansas: University Press of Kansas.
Duden. 2003. *Das große Fremdwörterbuch.* Mannheim: Dudenverlag.
Eisenberg, Christiane. 1990. Vom „Arbeiter" zum „Angestelltenfußball"? Zur Sozialstruktur des deutschen Fußballsports 1890–1950. In *Sozial- und Zeitgeschichte des Sports,* Hrsg. Lorenz Pfeiffer und Giselher Spitzer, 1990/2, 20–45.
Eisenberg, Christiane. 2005. Medienfußball. Entstehung und Entwicklung einer transnationalen Kultur. *Geschichte und Gesellschaft* 31 (4), 586–609.
Elias, Norbert. 1997. *Über den Prozess der Zivilisation.* 2. Bd. Frankfurt a. M.: Suhrkamp.

Elias, Norbert, und Eric Dunning. 1984. *Sport im Zivilisationsprozess. Studien zur Figurationssoziologie.* Münster: Lit.
Fritzsche, Bettina. 2010. Fans und Gender. In *Fans. Soziologische Perspektiven*, Hrsg. Roose Jochen, Mike S. Schäfer, und Thomas Schmidt-Lux. Wiesbaden: Verlag für Sozialwissenschaften.
Gebhardt, Winfried. 2010. Fans und Distinktion. In *Fans. Soziologische Perspektiven*, Hrsg. Roose Jochen, Mike S. Schäfer, und Thomas Schmidt-Lux. Wiesbaden: Verlag für Sozialwissenschaften.
Gurr, Andrew. 1992. *The Shakespearean stage 1574–1642.* Cambridge: Cambridge University Press.
Guttmann, Allen. 1986. *Sports spectators.* New York: Columbia University Press.
Hills, Matt. 2002. *Fan Cultures.* London: Routledge.
Horne, John. 2006. *Sport in consumer culture.* New York: Palgrave Macmillan.
Lämmer, Manfred. 1986. Zum Verhalten von Zuschauern bei Wettkämpfen in der griechischen Antike. In *Sport zwischen Eigenständigkeit und Fremdbestimmung*, Hrsg. Spitzer Giselher und Schmidt Dieter. Bonn: Wegener.
Leistner, Alexander. 2010. Fans und Gewalt. In *Fans. Soziologische Perspektiven*, Hrsg. Roose Jochen, Mike S. Schäfer, und Thomas Schmidt-Lux. Wiesbaden: Verlag für Sozialwissenschaften.
Maaßen, Wolfgang. 2006. *Philatelie und Vereine im 19. Jahrhundert.* Schwalmtal: Creativ.
Merkel, Udo. 2007. Milestones in the development of football fandom in Germany. Global impacts on local contests. In *Football fans around the world*, Hrsg. Sean Brown, 59–77. London: Routledge.
Otte, Gunnar. 2010. Fans und Sozialstruktur. In *Fans. Soziologische Perspektiven*, Hrsg. Roose Jochen, Mike S. Schäfer, und Thomas Schmidt-Lux. Wiesbaden: Verlag für Sozialwissenschaften.
Oxford English Dictionary. 1989. *Volume V.* Oxford: Oxford University Press.
Petit Robert, Le. 1986. *Dictionnaire alphabétique et analogique de la langue française.* 2. Aufl. Paris: Le Robert.
Plessner, Helmuth. 1975. *Die Stufen des Organischen und der Mensch.* Berlin: de Gruyter.
Pliny. 1969. *Letters. Books VIII-X.* Cambridge: Loeb.
Pons. 1997. *Wörterbuch Latein-Deutsch.* Stuttgart: Klett.
Roose Jochen, Mike S. Schäfer, und Thomas Schmidt-Lux, Hrsg. 2010. *Fans. Soziologische Perspektiven.* Wiesbaden: Verlag für Sozialwissenschaften.
Rossi, John P. 2000. *The national game. Baseball and American culture.* Chicago: Dee.
Sandvoss, Cornel. 2003. *A game of two halves. Football, television and globalization.* London: Routledge.
Sandvoss, Cornel. 2005. *Fans.* Cambridge: Polity Press
Schäfer, Mike S., und Jochen Roose. 2010. Emotions in sports stadiums. In *Stadium worlds*, Hrsg. Frank Sybille und Silke Steets. London: Routledge.
Schenkel, Elmar. 2008. Von der Jagd zur Selbsterfahrung. Bogenschießen in Mythos, Literatur und Lebenskunst. In *Jahrbuch 2007 der Deutschen Gesellschaft für Geschichte der Sportwissenschaften*, Hrsg. Jürgen Court, Arno Müller, und Christian Wacker. Münster: Lit.
Schmidt-Lux, Thomas. 2010. Fans und Religion. In *Fans. Soziologische Perspektiven*, Hrsg. Roose Jochen, Mike S. Schäfer, und Thomas Schmidt-Lux. Wiesbaden: Verlag für Sozialwissenschaften.

Schulze-Marmeling, Dieter. 1995. Vom Spieler zum Fan. Kleine Geschichte des Fußballfans. In *Holt Euch das Spiel zurück. Fans und Fußball*, Hrsg. Dieter Schulze-Marmeling. Göttingen: Werkstatt.

Wegener, Claudia. 2008. *Medien, Aneignung, Identität. „Stars" im Alltag jugendlicher Fans*. Wiesbaden: Verlag für Sozialwissenschaften.

Weimann, Robert. 1958. *Drama und Wirklichkeit in der Shakespearezeit*. Halle a. d. Saale: Niemeyer.

Lesen Sie hier weiter

Jochen Roose, Mike S. Schäfer,
Thomas Schmidt-Lux (Hrsg.)

Fans
Soziologische Perspektiven

2010, 442 S.
Softcover: € 42,99
ISBN 978-3-531-16096-2

Änderungen vorbehalten.
Erhältlich im Buchhandel oder beim Verlag.

Einfach portofrei bestellen:
leserservice@springer.com
tel +49 (0)6221 345-4301
springer.com

Springer VS

Lightning Source UK Ltd.
Milton Keynes UK
UKOW05f2207110914

238360UK00001B/51/P